중세　　　　　　1492년　　　　　르네상스

엘렌 라세르 글
엘렌 라세르는 도예가 출신으로 역사학자이며 여행을 매우 좋아합니다.
30대에 역사 공부를 다시 시작해 역사와 관련한 그림책 작업을 하고 있습니다.
남편 질 보노토와 20년 동안 함께 책을 만들어 왔습니다.

질 보노토 그림
질 보노토는 중·고등학교에서 미술을 가르쳤고, 어린이책 삽화가이며, 동물 애호가입니다.
아내 엘렌 라세르와 함께《100살 넘게 먹은 우리 학교》,《100년 동안 우리 마을은 어떻게 변했을까》,
《훌륭한 이웃》 등을 만들었습니다. 부부는 파리에 살고 있습니다.

조선혜 옮김
프랑스에서 미술사와 역사를 공부했고, 이화여자대학교 통번역대학원 한불과를 졸업했습니다.
다양한 분야에서 통번역을 하면서 번역 에이전시 엔터스코리아에서 출판 기획과
프랑스어 전문 번역가로 활동하고 있습니다.
옮긴 책으로는《아이의 오감을 깨우는 몬테소리 육아》,《아이의 자립심을 키우는 몬테소리 육아》,
《지금은 지구 생태계 수업 시간입니다》 등이 있습니다.

타임머신 타고 도착한 곳은 어디일까? – 선사 시대부터 고대 로마를 거쳐 미래까지
Les voisins voyagent dans le temps

1판 1쇄 | 2024년 8월 20일

글 | 엘렌 라세르
그림 | 질 보노토
옮김 | 조선혜

펴낸이 | 박현진
펴낸곳 | (주)풀과바람
주소 | 경기도 파주시 회동길 329(서패동, 파주출판도시)
전화 | 031) 955-9655~6
팩스 | 031) 955-9657
출판등록 | 2000년 4월 24일 제20-328호
블로그 | blog.naver.com/grassandwind
이메일 | grassandwind@hanmail.net

편집 | 이영란
마케팅 | 이승민

값 17,000원
ISBN 979-11-7147-084-6 77860

Les voisins voyagent dans le temps

Text by Hélène Lasserre
Illustrations by Gilles Bonotaux

First published in France under the title:
Les voisins voyagent dans le temps ⓒ 2024, Editions du Seuil, Paris.

All rights reserved.
Korean translation right ⓒ 2024, GrassandWind Publishing.
This Korean edition was published by arrangement with Editions du Seuil through THE Agency, Korea.

이 책의 한국어판 저작권은 더에이전시를 통해 Editions du Seuil와의
독점 계약으로 (주)풀과바람이 소유합니다.
신 저작권법에 의해 한국 내에서 보호를 받는 저작물이므로
무단 전재와 복제를 금합니다.

※ 잘못 만들어진 책은 구입처에서 바꾸어 드립니다.

제품명 타임머신 타고 도착한 곳은 어디일까? | **제조자명** (주)풀과바람 | **제조국명** 대한민국
전화번호 031)955-9655~6 | **주소** 경기도 파주시 회동길 329
제조년월 2024년 8월 20일 | **사용 연령** 4세 이상
KC마크는 이 제품이 공통안전기준에 적합하였음을 의미합니다.

⚠ **주의**
어린이가 책 모서리에
다치지 않게 주의하세요.

엘렌 라세르 글 · 질 보노토 그림 · 조선혜 옮김

타임머신 타고 도착한 곳은 어디일까?

선사 시대부터 고대 로마를 거쳐 미래까지

풀과바람

오늘은 비가 와요!

우리 동네에서 신나는 모험이 시작돼요!
올해 우리는 거대한 타임머신(시간 여행을 돕는 기계)을 만들었어요.
이 타임머신은 '무지개'라는 아주 특별한 연료로 움직여요.

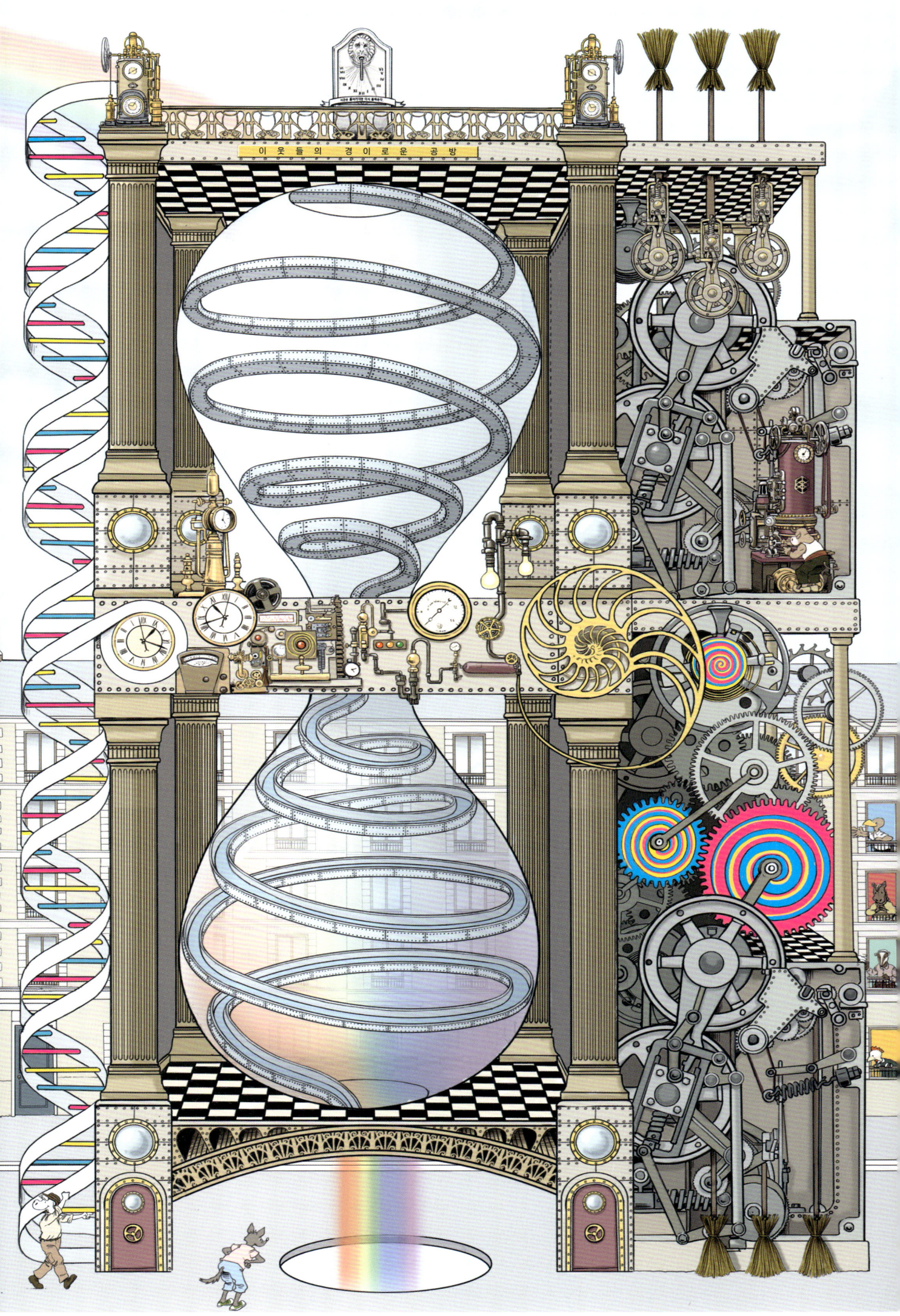

비가 그치고 해가 나면, 무지개 연료를 가득 채우고 마지막으로 타임머신을 점검해야 해요.
게으른 나무늘보도 일어나 모험을 떠나는 친구들에게 작별 인사를 해요.
"얘들아, 출발하자! 시간은 우리를 기다려 주지 않아!"
우리의 대장 염소 아저씨가 외쳤어요.

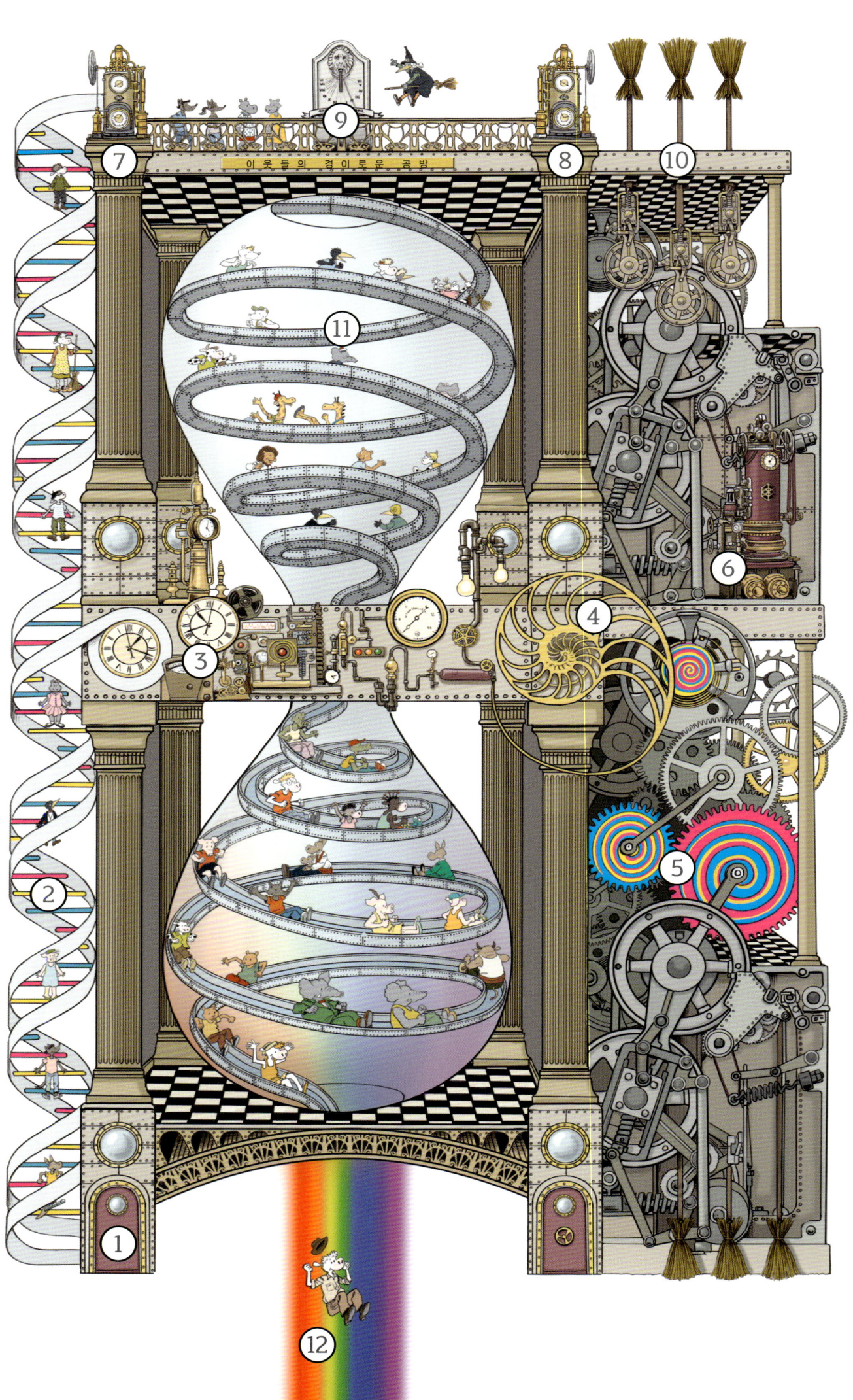

타임머신 설계도

1. 출입문

2. 중력으로 움직이는 DNA 계단
   (실제 계단으로 올라가는 것보다 힘이 덜 들어요.)

3. 시간을 알려 주는 시계와 양자 시계
   (초정밀 시계)

4. 전자기 파동을 일으키는 앵무조개

5. 팝아트처럼 알록달록한 기계 톱니바퀴
   (예쁘게 보이려고)

6. 보조 증기 기관
   (무지개 연료가 고장 났을 때 쓰는 엔진으로 유니콘 똥을 연료로 해요.)

7. 모험적 우연 발생기
   (어디로 갈지는 알 수 없지만 분명 어딘가로 가고, 다행히 좋은 곳으로 데려다줘요.)

8. 무작위 운명 발생기(앞의 장치와 결합해 목적지에 도착하게 도와줘요.)

9. 해시계

10. 마녀의 마법 빗자루
    (시간과 공간을 이동할 수 있어요.)

11. 한 방향으로만 가는 시간 미끄럼틀

12. 시간의 수직 공간에서 시간의 흐름을 철저히 훈련한 우리의 대장 염소 아저씨

첫 번째 정거장: 선사 시대

크로마뇽인과 네안데르탈인은 상냥하고 뭐든지 뚝딱뚝딱 잘 만들어내요!

작은 나뭇조각으로 불을 피우고, 부싯돌을 깎아 날카로운 칼도 만들죠.

우리는 많은 걸 배워요! 그들은 예술에서도 놀라운 감각을 보여 줘요.

하마 아줌마의 아름다운 모습을 조각하고, 계속 움직이는 소 아줌마의 모습도
척척 멋지게 그려내요.
우리는 세상이 시작된 곳에 있어요. 마치 지상 낙원에 온 것 같아요.
염소 아저씨도 이곳에서 큰 영감을 받았어요!

두 번째 정거장: 고대 이집트

나일강 강가에서 클레오파트라 여왕이 우리를 따뜻하게 맞이해 주었어요.
피라미드가 한창 지어지는 현장에 도착하자,
우리는 마법 빗자루로 일을 도왔죠.

우리의 도움으로 공사 시간을 절약할 수 있었고, 이집트인들은 우리에게 신나는 이집트 춤을 가르쳐 주었어요. 두 기린 청년은 상형문자(그림글)를 읽을 수 있어서 서기관에게 조언해 주었죠. 그런데 서기관이 조금 짜증이 난 것 같은걸요! 꼬마 캥거루는 이제 혼자서도 잘 뛰어다니네요.

세 번째 정거장: 고대 로마

카이사르 만세! 즐거운 시간을 선물해 준 당신에게 감사의 마음을 전해요!
카이사르, 그런데 몸으로 싸우는 경기보다 더 재밌고 안전한 놀이를 하면 어떨까요?
룰렛, 전차 경주, 사방치기, 촛불 끄기, 검투사 점프, 그리고 축구 같은 놀이요!

조심해요! 우리 이웃팀과 로마 군단 병사들이 특별한 경기를 할 거예요!
카이사르, 옛 로마 황제들의 조각상을 넘어뜨리는 놀이는 어때요?
"그거 좋지!" 카이사르가 환하게 웃으며 대답해요. 사실 카이사르는 우리에게 몹시
고마워하고 있어요. 우리가 클레오파트라를 데려왔거든요!

네 번째 정거장: 중세 시대

멋진 기사님들과 아름다운 숙녀분들! 왕과 왕비가 지나가니 길을 비켜 주세요!
중세 시대는 정말 신나고 재미있어요. 춤도 추고 마녀 축제도 열리고, 말타기 시합과
따뜻한 주점들이 가득해요.

소 아저씨들은 정원 가꾸기 수업을 열어 이곳 사람들에게 토마토와 감자 재배법을 가르쳐 주고 있어요.
분위기는 아주 즐겁지만, 깨끗하지는 않네요. 아이들이 진흙에서 첨벙거리며 노는 걸 보면서 돼지 아저씨는 빨리 하수도 시설이 발명되면 좋겠다고 생각했어요!

다섯 번째 정거장: 르네상스 시대

이탈리아 피렌체에 착륙하자마자 우리는 큰 잔치에 초대받았어요!
타임머신에서 영감을 받은 천재 레오나르도는 우리와 경쟁하듯 비행선과 헬리콥터를 발명했어요.

미켈란젤로는 해야 할 일이 너무 많아서 마치 자신을 둘로 쪼갠 듯 온 힘을 다해 그림을 그리고 조각을 해요. 천재들에게 불가능이란 없어요.
여기 분위기가 정말 좋아요! 아이들은 무척 신이 났어요. 푹신한 날개를 단 귀여운 천사들과 금세 친구가 되었거든요.

여섯 번째 정거장: 위대한 세기(17세기)

우리는 베르사유 태양왕의 궁전에 도착했어요! 길마다 분수와 조각상이 가득해 대체 어디로 가야 할지 모르겠어요. 꼬마 사자들은 아빠가 헤라클레스의 모델이라는 점이 무척 자랑스러웠지만, 대체 팬티는 왜 안 입혔는지 모르겠어요!

용의 연못에서는 시원하게 수영도 즐기고 보트도 탈 수 있어요. 오늘은 정말 더워요! 이렇게 더운 날씨에 왕과 궁중 사람들이 무거운 가발과 화려한 다마스크 옷을 어떻게 참는지 정말 궁금하네요.

일곱 번째 정거장: 19세기

여기는 산업 혁명 시대예요. 시끄러운 기계음과 시커먼 연기가 정말 끔찍하군요! 이곳 공장에서는 많은 어린이가 일하고 있어요.

"빨리 좀 해, 이 게으름뱅이들!" 감독관이 소리치지만, 이번에는 아이들도 가만히 있지

앉아요. 우리가 도착한 틈을 타 아이들은 자유를 찾아 탈출해요.
공장 안에서는 신나는 축제가 벌어지고, 부품을 조립하는 곳에서는 즐거운 파티가
시작됐어요. 심지어 기계 톱니바퀴 안에 꽃을 심고 있어요! 사장이 뭐라고 하든
상관없어요. 이제 즐거운 축제의 시간이 왔어요!

여덟 번째 정거장: 1950년대

거리 곳곳엔 재즈, 스윙, 트위스트, 록 앤드 롤이 울려 퍼져요. 선사 시대에서 우리를 따라온 크로마뇽인 친구가 영국산 오픈카를 타고 멋지게 운전해요.
경찰 아저씨는 그 모습을 보며 얼굴을 찡그리네요. 염소 아줌마는 빗자루로 청소하는

사람에게 자신의 빗자루는 마법 빗자루라고 자랑해요.
"시스티나 성당도 이런 식으로 그렸어야 했어." 우리와 함께 온 미켈란젤로가 새로운 벽화 스타일을 시도하며 중얼거려요. 그런데 하수구에서 고개를 쭉 내밀고 있는 저 이상한 사람은 과연 누구일까요? 시간이 지나면 알 수 있겠죠?

아홉 번째 정거장: 미래

오, 이런! 어떻게 된 거죠? 우리가 너무 멀리 와 버린 것 같아요!

모든 것이 거꾸로 뒤집혔어요.

내려가야 올라갈 수 있는 건지, 올라가야 내려갈 수 있는 건지 모르겠어요.

이곳 사람들은 모두 친절하지만 좀 이상해요. 그들이 말하는 걸 전혀 알아들을 수 없어요. "얄리얄리 얄라셩 얄라리 얄라."
영원히 여기에 남고 싶은 게 아니라면, 이제 떠나야 해요!
자, 이제 집으로 출발해요!

꿈일까요? 진짜일까요?

우리는 출발하자마자 금방 돌아왔어요.
마을에 남아 있던 이웃들에게는 우리의 여행이 눈 깜짝할 사이에 끝난 것처럼
보였겠지만, 우리가 꿈을 꾼 게 아니에요.

이 모험은 진짜였어요. 그 증거도 있어요. 우리와 함께 그 시대를 떠나온 친구들이 9명이나 있거든요. 자, 이제 다 같이 신나게 파티를 열어요!
이번에는 우리가 21세기에서 어떻게 사는지 친구들에게 보여 줄 차례거든요.
오, 시간아, 제발 잠시만 멈춰라!

근대　　　　1789년　　　　19세기　　　　1900년